LEGO NINJAGO
Masters of Spinjitzu

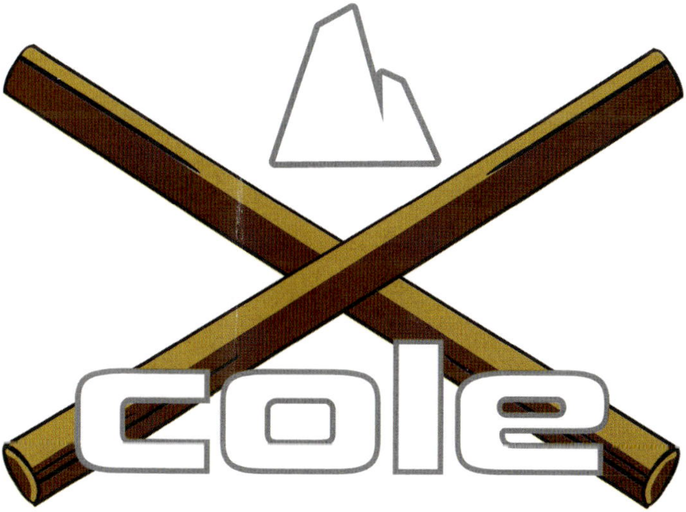

« Le maître de la terre » et « Le vrai héros »
écrits par Greg Farshtey

Produced by AMEET Sp. z o.o.
under license from the LEGO Group.
www.LEGO.com

LEGO

NINJAGO

Masters of Spinjitzu

cole

cole

Table des matières

Les quatre armes sacrées du Spinjitzu

Comment sauver le monde quand il est en danger ? Seul un héros peut sauver le monde. Et aucun héros ne peut accomplir sa mission sans de bons outils. Je savais que seules les armes sacrées du Spinjitzu pourraient sauver Ninjago et qu'il ne fallait absolument pas qu'elles tombent entre de mauvaises mains. Les quatre jeunes ninjas à mes côtés étaient parvenus à trouver ces armes légendaires, mais les tenir hors de portée du démoniaque Lord Garmadon était un défi encore plus grand...

Voici Cole

Personnalité :
Un bon ami et un chef résolu… parfois grognon. Il adore l'escalade.

Élément :
La terre

Compétences :
Cole trouve toujours le plan qui permettra de se sortir de chaque situation.

Armes :
Il se battait avec un bâton jusqu'à ce qu'il gagne la Faux de terre.

Cole est une indomptable force de la nature, il repousse sans cesse ses limites. Il pourrait escalader la plus haute des montagnes, puis creuser un tunnel pour la traverser, juste pour le plaisir. C'est un guerrier expérimenté que rien dans ce monde n'effraie (sauf les dragons, mais ils ne sont pas vraiment de ce monde). Cole est robuste, digne de confiance et solide comme un roc. Il ne vous laissera jamais tomber et il n'existe pas d'ami plus fidèle. Sensei a senti que Colc serait un bon chef, et il ne s'est pas trompé. Le don naturel de Cole à mener son groupe s'est immédiatement révélé dans l'action.

Le Maître de la terre

Cole est le chef de mon équipe de ninjas. Je ne lui ai pas confié ce rôle directement. Cela l'aurait obligé à endosser un rôle pour lequel il n'était peut-être pas fait, et obligé les autres à lui obéir. J'ai laissé faire la véritable nature de ces quatre jeunes. Et c'est dans la nature de Cole de prendre en charge toutes les situations.

Sa nature fait aussi de lui mon ninja de la terre. Comme le sol sous nos pieds, il est solide et stable. Il fait passer l'équipe en premier, préférant se concentrer sur le succès de la mission que sur sa gloire personnelle. Il n'a pas rejoint mon équipe animé par le

besoin de se venger comme Kai, ou par curiosité comme Zane, ou par goût de l'aventure comme Jay. Non, Cole est devenu un ninja parce que c'était sa voie, tout simplement. D'accord, peut-être que ce n'était pas la seule raison.

Quand j'ai rencontré Cole pour la première fois, il était en train d'escalader une montagne que la plupart des gens imaginaient insurmontable. Il a été plutôt surpris de me trouver au sommet à l'attendre. En parlant avec lui, j'ai découvert que ce n'était pas la première fois qu'il s'était attaqué à un projet que personne d'autre n'aurait osé tenter. Naviguer sur un océan inconnu, skier le long d'un iceberg ou traverser une jungle hostile, à partir du moment où ça semble impossible, alors Cole va vouloir essayer. Jusque-là, le succès de ces projets ne lui avait procuré aucune réelle satisfaction. Cela lui avait seulement donné l'envie d'accomplir des défis encore plus difficiles.

Cole a de nombreuses excellentes qualités. Il est fort, courageux, intelligent et discipliné. Mais il lui manquait un but. Il était comme une hache aiguisée à qui il manque un arbre à abattre. Toutes ces choses qu'il faisait pour repousser ses limites avaient pour seul but de tester son endurance. Cole avait besoin de savoir que tout ce qu'il savait faire, toutes ces années d'entraînement, pourraient aider les autres. Je lui ai montré qu'en apprenant à devenir ninja et en maîtrisant le Spinjitzu, il pourrait aider à sauver le monde.

Comment a-t-il réagi en devenant chef ? Cela n'a pas été une chose facile. Ses trois équipiers sont des êtres uniques, volontaires et chacun d'entre eux fait partie de l'équipe pour des raisons qui leur sont propres.

Certains, comme Kai, n'ont jamais réussi à recevoir des ordres de qui que ce soit. Ajoutez cela à l'urgence de notre mission, qui ne leur a pas laissé beaucoup de temps pour apprendre à fonctionner en équipe et encore moins pour s'habituer à la présence d'un chef.

Cole a parfaitement su gérer la situation. Il n'a jamais déclaré qu'il dirigerait l'équipe, car il savait que cela provoquerait des querelles. En fait, il a simplement pris le commandement sur le terrain comme si c'était la chose la plus naturelle du monde. Au cours de la bataille, les autres n'ont pas eu le temps de remettre

en cause son rôle. Lorsqu'il est devenu évident que ses priorités étaient la réussite de la mission et celle de ses compagnons, les autres ont commencé à accepter son autorité.

Il y a toutefois un point négatif dans tout cela. Cole prend sa position avec beaucoup de sérieux et s'inquiète de ne pas être à la hauteur. La nuit avant un combat, Cole dort rarement, préférant rester éveillé et planifier sa stratégie. Il s'entraîne constamment. Il exige bien plus de lui-même que des autres. Cole ne tolérera aucune faiblesse, hésitation ou aucun échec de sa part.

« Les gars dépendent de moi, m'a-t-il dit une fois. Si je panique pendant la bataille, si je donne un mauvais ordre ou si je n'ai pas prévu toutes les possibilités, alors l'un d'eux sera peut-être blessé ou pire... Cela mettrait en péril la mission et, plus encore, un ami pourrait se retrouver en danger par ma faute. Je ne laisserai jamais ça arriver. »

Je me fais du souci pour Cole. Il est plus dur avec lui-même qu'aucune personne que j'ai connue. Et personne ne peut endurer cela très longtemps. Il risque de s'épuiser et cela ne le servira ni lui, ni l'équipe. Même la terre finit par se fissurer sous une pression trop forte.

Mais Cole continue. Il fera en sorte que Kai ne fonce pas tête baissée vers le danger, il encouragera Jay à mettre son inventivité au service de l'équipe et, même s'il reste un mystère pour lui, fera toujours en sorte que Zane, le ninja de la glace, se sente appartenir à l'équipe. Ils iront le trouver pour un conseil ou du réconfort, et j'espère que je pourrais faire de même pour lui.

Le monde des ninjas : les guerriers de l'ombre

Les guerriers de l'ombre avec leurs pouvoirs mystérieux et leurs exploits incroyables. Ceux qui pensent qu'il y a là tout ce qui les concerne se trompent.

Les ninjas étaient des guerriers du Japon médiéval, entraînés à mener des missions d'espionnage. Comme les samouraïs, ils suivaient un strict code de l'honneur.

Les ninjas étaient passés maîtres dans l'art de la discrétion, du combat et de la survie. Ils étaient aussi très avancés en ingénierie et en chimie, et avaient créé toutes sortes d'armes spéciales, de poudre explosive et même de poisons.

Les ninjas étaient organisés en **clans**. Chaque clan avait souvent son propre **ryu**, une philosophie, un entraînement et des techniques de combat uniques. Les clans ne révélaient jamais leurs secrets aux autres clans.

Le maître de leur clan était appelé jonin. Après lui venait les chunin, les anciens du clan, qui prenaient en charge l'entraînement des genin, les ninjas sans rang, ceux qui partaient en mission.

Les ninjas étaient entraînés dés l'enfance par leur famille. Dans leur jeunesse, l'accent était mis sur leur endurance, leur agilité et leurs capacités athlétiques. Plus tard, venait l'enseignement du combat et des techniques de ninjas.

Il était impossible d'infiltrer un clan ninja : on y était né ou pas. Être un ninja était plus qu'un métier, c'était un art de vivre.

La question de Sensei

Si tu parvenais à trouver la localisation secrète d'un village ninja, tu verrais des douzaines de guerriers vêtus de noir en train de s'entraîner en silence. Vrai ou faux ?

Le monde des ninjas : le Code des ninjas

Cela peut paraître étrange, mais même des principes très stricts peuvent parfois rendre la vie plus simple. Les ninjas ont aussi leurs propres règles. Les voici :

1

Ne trahis jamais le clan.
Tu ne réussiras qu'à condition d'être fidèle et loyal aux membres de ton clan.

2

Le clan et la mission sont ta priorité.
Ce qui est bon pour toi ne l'est pas toujours pour ton équipe

3

Aide le genin du même ryu.
Les ninjas d'un même clan s'entraident toujours. La loyauté et le travail d'équipe sont les vraies valeurs des ninjas.

4

Recherche constamment la perfection.
Ton succès et ta survie dépendent de tes capacités.

5

Ne dis jamais à personne que tu es un ninja.
Le secret permet aux ninjas d'être efficaces.
Tes actes parleront pour toi.

6

Observe toujours les autres autour de toi et les environs.
L'information, c'est ce qui permet au ninja de prendre l'avantage sur ses adversaires.

7

Accomplis la mission.
Si tes actions sont inefficaces, replie-toi et repense ta stratégie avant de recommencer. L'échec n'est pas accepté.

8

Persévère dans ta voie.
Quelles que soient les difficultés, n'abandonne jamais, ton but vaut tous les efforts.

La question de Sensei

L'ensemble des règles suivies par les ninjas s'appelle... hum... C'est quoi déjà ? Ninjato ? Ninjago ? Ninpo ? Je n'arrive jamais à m'en souvenir.

La voie des ninjas : le Credo du Guerrier

Celui qui choisit la voie du guerrier doit savoir ce qu'est vraiment un guerrier. Es-tu suffisamment fort pour vivre selon le Credo du Guerrier ?

J'UTILISE MES POUVOIRS POUR PROTÉGER LES FAIBLES.

La force doit toujours aller de pair avec la responsabilité. Ceux qui ne sont pas capables de se défendre ont besoin d'être protégés. C'est ta mission, guerrier.

J'UTILISE MES POUVOIRS POUR AIDER CEUX QUI EN ONT BESOIN.

Un vrai ninja ne tourne jamais le dos à quelqu'un en détresse. Aider celui qui est dans le besoin n'est pas seulement la chose juste à faire, mais en plus on se sent bien ensuite.

J'UTILISE MES POUVOIRS POUR SOUTENIR MA FAMILLE.

Pour le ninja, la famille est très importante. Un véritable guerrier fera tous les efforts pour les protéger contre le malheur. Parfois, un simple sourire ou de l'aide dans une tâche quotidienne font l'affaire.

Le guerrier ne se mesure pas à l'éclat de son armure ou au nombre de ses victoires. Un véritable guerrier est celui qui vit sa vie du mieux qu'il le peut. Chaque jour.

Le véritable héros.

« Tu te moques de moi ? » dit Jay.

« Pourquoi se serait-on donné la peine de faire une blague ? » lui répond Zane, sincèrement incrédule devant la réaction de Jay.

« On perd du temps ! rugit Kai, poussez-vous, c'est moi qui vais y aller ! »

« Non, j'y vais, dit Jay, tu vas encore foncer tête baissée et te retrouver dans le pétrin. »

« Personnellement, intervient Zane, je pense que je suis le choix logique pour… »

« Nous irons tous, fit Cole avec sa voix d'acier, nous sommes une équipe. Il est temps d'agir de la sorte. »

Les quatre ninjas se tiennent au sommet d'une haute falaise surplombant un vaste océan. Des nuages noirs menaçants jettent des éclairs au-dessus de leurs têtes, un avant-goût de la tempête à venir. Le vent glacial les transperce comme une dague, seul Zane ne semble pas ressentir la morsure du froid. Ce qui n'est pas vraiment surprenant de la part de quelqu'un qui aime méditer au fond de lacs à moitié gelés.

Les choses se sont plutôt bien passées jusqu'à maintenant. L'équipe est parvenue à récupérer deux des quatre armes sacrées du Spinjitzu. Leur quête les a menés ici, à la recherche des nunchakus de l'éclair. Ce ne sont ni la falaise, ni la tempête, ni le froid qui les font hésiter, mais cette chaîne pendue dans le ciel et dont les maillons se perdent dans les nuages.

Il n'y a qu'une façon de savoir où elle mène et c'est de l'escalader. Ce n'est pas ce qui inquiète Cole. C'est un grimpeur expérimenté après tout. Il est plus préoccupé par son équipe : Kai intrépide et imprudent, Jay qui bavasse sans cesse pour masquer sa peur, et Zane si froid et sans humour qu'il semble presque venir d'une autre planète. Ils sont tous courageux et compétents, mais ils veulent tous être le héros du jour. C'est à Cole de les faire travailler en équipe, mais c'est loin d'être simple.

Cole se retourne vers Sensei Wu qui lui fait signe de la tête. Alors Cole se tourne vers son équipe : « Allons-y ! »

Prenant la tête, Cole se met à grimper. Il a appris il y a bien longtemps à ne pas regarder en dessous ou même à penser à la chute. Ce sont les deux choses qui font qu'une personne ne parviendra jamais à faire de l'escalade. Derrière lui, les autres montent en silence.

Il lui semble que cela fait des heures quand enfin la tête de Cole traverse les nuages. L'escalade est terminée. Si la vue qu'il avait depuis la chaîne était déjà extraordinaire, ce qu'il a maintenant en face des yeux est encore plus incroyable. Devant lui, s'étendent les ruines de toute une cité, une cité volante !

Cole se hisse à l'intérieur, rétablissant son équilibre sur une poutre métallique. Les autres suivent rapidement. « Wow ! dit Jay, j'imagine même pas le prix du loyer. »

« Fascinant, dit Zane, je n'ai jamais rien vu de tel. Qui l'a construite ? Comment vole-t-elle ? Y a-t-il encore des habitants ? »

« On peut garder les questions pour plus tard, l'interrompt Kai, la seule chose qui compte ce sont les nunchakus de l'éclair. Au cas où vous l'auriez oublié, Samukai et ses légions de squelettes retiennent ma sœur prisonnière, et ses guerriers ne sont pas loin derrière nous. »

Kai s'avance rapidement sur la poutre. Soudain, il perd l'équilibre. Cole se précipite et le rattrape avant qu'il ne tombe. D'un coup sec, il le ramène en sécurité.

« Personne n'a rien oublié, dit Cole durement, mais ce n'est pas en te faisant tuer que tu aideras ta sœur. Maintenant, il faut fouiller cet endroit. L'arme doit être quelque part. »

« Ce serait plus rapide si on se séparait, » suggère Zane.

Cole fait non de la tête. « Trop dangereux, Zane. On ne sait rien de cette cité. Allez, on y va, mais restons prudents. »

Les ninjas commencent leur recherche. La cité est très ancienne et semble abandonnée depuis plusieurs siècles. Le style des bâtiments ne ressemble à rien qu'ils aient jamais vu. Tout est recouvert de poussière et de toiles d'araignées. Ce qui ne serait pas si grave, si Jay n'avait pas découvert (à son grand regret) qu'elles font 1,20 mètre de large, qu'elles ont 16 pattes et qu'elles crachent du venin.

Il n'y a aucun indice sur ceux qui ont bâti cette cité ni de pourquoi ils sont partis. Aucun signe non plus d'actuels habitants, si ce n'est les araignées,

quelques oiseaux et autres animaux. Ici et là, ils trouvent des morceaux épars de corde, de bois, des restes d'habits et d'autres débris. Certains bâtiments sont presque intactes alors que d'autres pourraient s'effondrer si on respirait un peu trop fort à leurs côtés. Les éclairs continuent à déchirer le ciel, comme si le ciel lui-même était en colère de les voir pénétrer la cité.

Alors qu'ils s'approchent du cœur de la cité, Cole remarque que des symboles en forme d'éclairs sont sculptés sur les murs. Au début, il se dit que ce ne sont que des décorations, puis doucement, il se rend compte qu'ils pointent dans différentes directions, comme des panneaux.

« C'est ça ! dit Cole, les éclairs gravés dans les murs doivent mener aux nunchakus. Nous n'avons plus qu'à les suivre. »

« Espérons qu'ils ne pointent que vers les nunchakus… »

Les ninjas avancent rapidement à travers les rues étroites parcourues par les vents. Devant eux, se dresse un immense bâtiment qui semble fait de marbre. Mais, quand Kai pose sa main sur la pierre,

des étincelles se mettent à voler. Et lui aussi. « Mais qu'est-ce que c'est que ça ? » marmonne-t-il en se relevant.

« Ça ne ressemble à aucun matériau connu. On dirait de l'électricité solide, mais... ça ne fait aucun sens. » dit Zane.

« Si tu penses qu'avec nous les choses ont du sens, tu t'es trompé d'équipe » glousse Jay.

« On entre, mais faites attention à ne pas toucher aux murs, dit Cole, et espérons que le sol n'est pas électrifié lui aussi… »

Il fait sombre à l'intérieur. Jusqu'à ce qu'un éclair vienne soudainement l'illuminer, la lumière pénétrant par les trous au plafond. Le sol plein de poussière semble

monter et descendre sous leurs pieds. Les murs sont gorgés d'électricité. Les quatre ninjas sentent leurs poils et leurs cheveux se dresser à cause de l'énergie dans l'air.

C'est Cole qui le premier aperçoit les nunchakus. Pendus à un crochet métallique planté haut dans le mur Sud. Pas besoin d'être un génie pour savoir que l'énergie brute qui se trouve dans les murs se concentre dans le crochet et que si quelqu'un devait le toucher, cela pourrait être la dernière chose qu'il toucherait.

« Je vais l'attraper, dit Jay, après tout c'est moi qui suis sensé être le ninja de l'éclair… »

« Non, tu restes là, dit Cole. Zane, tu sais ce qu'il te reste à faire. »

Zane acquiesce et prend un shuriken à sa ceinture. Il le lance contre le mur Nord. Le ricochet le renvoie sur le mur Est, puis le mur Ouest avant de repartir vers le mur Sud et les nunchakus. Les lames tournoyantes viennent trancher le crochet, les faisant finalement tomber.

Jay prend son élan et s'envole. Un saut périlleux plus tard, il retombe sur ses pieds avec les nunchakus en main. « Je les ai ! » s'écrie-t-il avec un grand sourire.

Le sol se met soudain à trembler, envoyant les quatre ninjas au sol. Vu que l'équipe avait déjà rencontré le dragon de terre et le dragon de glace, Cole a une petite idée de ce qui les attend...

« On se barre ! » hurle Cole.

Alors que les ninjas s'enfuient, le dragon d'éclair déchire le sol et s'élance après eux. Étonnamment, la course du dragon laisse le bâtiment intact, comme si les pierres des murs devenaient intangibles à son contact.

« La chaîne, on fonce vers la chaîne ! » hurle encore Cole. Derrière eux, le dragon crache des éclairs. Son souffle rate Cole de peu, mais carbonise un bout de son uniforme au passage. « Kai, pars en reconnaissance, mais pas d'imprudence ! »

Furtivement, Kai se rapproche de l'endroit où ils ont accédé à la cité. Jetant un coup d'œil au bas de la chaîne, il aperçoit une armée de squelettes en train de l'escalader. Heureusement, ils ne l'ont ni vu, ni entendu.

« On a de la compagnie ! » dit-il aux autres.

« Super, fit Jay, des squelettes devant, le dragon d'éclair derrière, on va faire le jambon dans le sandwich… »

« Peut-être pas, répond Cole, mais il va nous falloir apprendre à voler. »

* * *

Plus tard, Kai, Jay et Zane racontent leurs aventures à Sensei pendant que Cole est parti mettre en sécurité les nunchakus. C'est l'invention la plus rapide de l'histoire de Jay. Fixant des morceaux de bois avec de la corde, puis les couvrant avec les restes de tissus qu'ils ont pu ramasser, Jay leur construit chacun un deltaplane de fortune en un rien de temps. C'est comme ça qu'ils ont pu s'échapper de la cité avec les nunchakus, narguant les squelettes enragés au passage.

« Alors, c'est toi le héros, » dit Sensei Wu.

Jay fait non de la tête. « Non, pas moi... C'est Zane qui, grâce à ses shurikens, a réussi à décrocher les nunchakus. »

« Dans ce cas, c'est Zane le héros » reprend Sensei.

« Enfin... c'est Kai qui a repéré les squelettes en train d'escalader la chaîne, dit Zane, sans lui on serait tombé la tête la première dans le piège. »

Sensei sourit. « Je vois, dans ce cas c'est Kai le héros. »

Jay fronce les sourcils. « Non, ce n'est pas vraiment le cas non plus. C'est peut-être Cole. C'est lui qui a suggéré à Zane de se servir de ses shurikens, c'est aussi lui qui a envoyé Kai en éclaireur et c'est encore lui qui a eu l'idée que l'on pourrait s'enfuir en volant. C'est ça être un héros ? Il n'a pas vraiment fait quoique ce soit… Non ? »

Satisfait, Sensei Wu pose son regard sur ses ninjas. « Jeunes gens, si je comprends bien ce que vous venez de me dire, Cole vous a laissé agir là où vous étiez chacun le plus compétent, plutôt que d'essayer de tout faire tout seul. Parfois, le véritable héros est celui qui laisse les autres être des héros. »

Kai, Jay et Zane méditeront longtemps là-dessus.

Un tas d'os avec un crâne dessus

L'armée du Seigneur du monde des ténèbres est conduite par ses trois plus fidèles généraux. Tous trois sont très forts, haïssent tout ce qui est en vie et font preuve d'une dose impressionnante de… bêtise.

Le rigolo de la bande… enfin tant que « rigoler » rime avec « tout casser ». Son rire électrocutant est extrêmement dangereux, surtout quand il manie la hache en même temps. Avec Kruncha, Nuckal a dévasté l'atelier de Kai, mettant la main par hasard sur la carte menant aux armes sacrées du Spinjtzu.

Nuckal
Premier général de l'armée de Samukai

Aussi dur que la pierre et à peu près aussi intelligent. Il adore avoir raison et a d'ailleurs toujours raison, vu qu'il est incapable de s'apercevoir du contraire. Il est le second à commander les armées du seigneur du monde des ténèbres et toute opportunité est bonne à prendre pour le prouver... avec sa hache. Ses attaques chaotiques peuvent tout aplatir autour de lui.

Kruncha

Deuxième général de l'armée de Samukai

Wyplash

Troisième général de l'armée de Samukai

Il veut toujours savoir où il est allé, alors il porte souvent sa tête à l'envers, histoire de regarder derrière lui. S'il n'était pas autant occupé à semer la destruction et la pagaille dans le monde des mortels, il passerait son temps à lire. Le seul problème avec Wyplash, c'est qu'il commence toujours par la dernière page et s'arrête là. C'est tellement plus drôle de faire tournoyer sa chaîne !

Le dragon de terre

Le dragon de terre est le premier des dragons élémentaires que mes ninjas ont rencontré dans leur quête des armes sacrées du Spinjitzu. Il avait la garde de la Faux de terre cachée dans la caverne du désespoir.

Sortant du sol, le dragon a dispersé Samukai et ses squelettes, mais il n'a pas réussi à arrêter les ninjas qui se sont emparés de l'arme et ont fui avec.

Le dragon de terre ne s'est pas montré rancunier à leur encontre. Plus tard, il a même répondu à l'appel du dragon de feu afin de les aider à pénétrer dans le monde des ténèbres.

Évidemment, seul le ninja de la terre peut monter le dragon de terre… enfin, si ce dernier se laisse faire. Cole a surmonté sa peur des dragons et lui a simplement demandé de le prendre sur son dos. Le dragon de terre lui a tout simplement obéi.

Le monde des ninjas : En mode furtif

Il faut bien le reconnaître, les ninjas ont l'air super cool dans leurs tenues. Mais la chose la plus importante dans leurs costumes, ce n'est pas leur style, mais leurs fonctionnalités.

L'uniforme porté pour la pratique des arts martiaux japonais est appelé « keikogi » ou « dogi ».

Les éléments du costume ninja

Shinobi shozoku

Keikogi noir porté par les ninjas. Ce vêtement cache de nombreuses poches et sangles pour recevoir les armes et le matériel des ninjas.

Sanjaku-tenugui

Une cagoule faite de deux morceaux d'environ 60 cm de long enroulés souplement, mais fermement autour de la tête, laissant seulement les yeux du ninja apparaître.

Tabi

Les chaussures des ninjas, suffisamment souples pour être silencieuses. Une séparation entre les orteils facilite une meilleure accroche pour grimper au mur ou le long d'une corde. Aussi connues sous le nom de « jika-tabi ».

La question de Sensei

Le shinobi shozoku est traditionnellement noir pour rendre le ninja « invisible ». Le noir est toujours à la mode, mais, à ton avis, les ninjas portent-ils d'autres couleurs ?

Le ninja quiz

Peux-tu faire confiance à ta mémoire comme Kai, Jay, Zane et moi-même faisont confiance à Cole ? Réponds à ce quiz, mais rappelle-toi qu'il n'y a qu'une seule réponse correcte à chaque question.

1

Que faisait Cole lors de notre première rencontre ?
a) Il escaladait une montagne.
b) Il skiait le long d'un iceberg.
c) Il marchait à travers une jungle.

2

De quoi Cole a-t-il peur ?
a) De rien.
b) Des dragons.
c) Du froid.

3

Pourquoi Cole cherche-t-il sans cesse à s'améliorer ?
a) Pour sa gloire personnelle.
b) Pour arriver à abattre des arbres.
c) Pour être capable d'aider les autres.

4

De quel élément Cole est-il le ninja ?
a) La glace.
b) Le feu.
c) La terre.

5 **Pourquoi Cole a-t-il pris le commandement de l'équipe de ninjas ?**

a) Parce qu'il est un chef né.
b) Parce qu'il ne reçoit d'ordres de personne.
c) Parce que personnne ne voulait commander.

6 **Qui a escaladé la chaîne géante jusqu'à la cité des nuages ?**

a) Seulement Cole.
b) Seulement Jay.
c) Cole et les trois autres ninjas.

7 **Qu'est-ce qui a mené Cole jusqu'aux nunchakus de l'éclair ?**

a) Des toiles d'araignées.
b) Des dessins d'éclairs sur les murs.
c) Des chaînes électrifiées.

8 **Qu'est-ce qui fait de Cole un héros aux yeux de ses amis ?**

a) Sa capacité à prendre les bonnes décisions.
b) Son habilité à escalader.
c) Sa super coupe de cheveux.

9 **Quelle est la couleur de la tenue de Cole ?**

a) Bleue.
b) Noir.
c) Marron.

10 **Quelle est l'arme du maître de la terre du Spinjitzu ?**

a) La faux de terre.
b) La faux des profondeurs.
c) Le sabre des tremblements de terre.

Solutions

page 17
Le monde des ninjas : En mode furtif

Un village ninja ressemblait à n'importe quel autre village japonais médiéval. Tu pourrais t'attendre à y voir des villageois travaillant dans leurs rizières, des artisans ou des forgerons plutôt que des guerriers. L'objectif du village ninja était de pourvoir aux besoins de leur clan sans se faire remarquer.

« La beauté de la connaissance est que personne ne peut vous l'enlever. »

page 19
Le monde des ninjas : le Code des ninjas

Le Ninpo est le code de conduite qui regroupe les règles de vie et les instructions d'entraînement suivies par les ninjas.

page 43
Le monde des ninjas : les guerriers de l'ombre

Les vêtements des ninjas sont de différentes couleurs pour leur permettre de se camoufler. Le blanc aide à se fondre dans la neige, le vert foncé à se cacher dans la forêt et le marron est réservé aux endroits désertiques. Parfois, les habits du ninja sont réversibles, avec le noir standard d'un côté et de l'autre une couleur permettrant de se fondre rapidement dans le paysage.

pages 44-45
Le ninja quiz

1. a
2. b
3. c
4. c
5. a
6. c
7. b
8. a
9. b
10. a

Vite, rejoins tes héros dans les autres livres Ninjago ! Deux incroyables livres d'activités, plein d'action, d'aventures, de bandes dessinées, de tests, et surtout . . . une figurine LEGO® Ninjago à construire !

Retrouve les compagnons de Cole et le monde fascinant de Ninjago dans ces autres livres. Découvre comment Kai, Jay et Zane sont devenus eux-aussi des maîtres du Spinjitzu et perce les mystérieux secrets du monde des ninjas.